CIRCÉ
EN POSTURES,
RECIT DU

DIVERTISSEMENT COMIQVE

Divisé en trois Parties,

Et representé par les Sauteurs établis au Ieu de Paulme d'Orleans, Faux-bourg S Germain, pendant la Foire, par Permission du Roy, sous le Nom de la Troupe des Forces de l'Amour & de la Magie.

A PARIS,

Et se distribuë dans le Jeu de Paulme d'Orleans,
proche la Foire.

M. DC. LXXVIII.
AVEC PRIVILEGE DV ROY.

AVERTISSEMENT.

ON n'a jamais rien veu en France de si surprenant que les Postures extraordinaires, & les Sauts périlleux dont les Sieurs Alard & Maurice sont les Inventeurs. Il faut les voir pour les croire; & si ils passent l'imagination, on peut dire qu'ils trompent aussi la veuë. Il semble qu'il y ait quelque espece d'Enchantement dans ces Sauts & dans ces Postures, & ce n'est pas sans raison que ceux qui les executent ont pris le Nom de la Troupe des Forces de l'Amour & de la Magie. Circé Fille du Soleil, aussi connuë par ses Amours que par ses Enchantemens, fournit le Sujet de ce second Spectacle que la Troupe donne au Public. Cette Princesse changea en Animaux les Compagnons d'Vlisse qu'elle aima aussi-tost qu'il parut devant elle pour les luy redemander; mais il l'abandonna apres avoir reçeu de Mercure le Moly que Iupiter luy envoya pour rompre le Charme de cette Enchanteresse.

Personnages du Divertissement Comique.

CIRCE', Souveraine de l'Isle qui porte son Nom.

Un Sauteur, sous le nom d'Ulisse, Prince d'Itaque.

Un Sauteur, sous le nom d'Elpenor, Folet parlant de la Suite de Circé.

Un Sauteur, sous le nom de Sinaric, Folet muet de la Suite de Circé, lequel fait des Sauts perilleux.

Une jeune Bergere.

Douze Compagnons d'Ulisse changez en Animaux qui font des Postures.

Quatre Compagnons d'Ulisse changez en Polichinelles.

Deux Démons Sauteurs qui figurent.

Trois Démons qui font des Sauts perilleux.

Un Sauteur, sous le nom de Mercure.

Deux Vents soûterrains.

Deux Vents de l'air.

Dix Démons invoquez par Circé, lesquels font des Postures.

Un Sauteur, sous le nom de l'Amour.

Trois Sauteurs travestis en Bergers.

Un Sauteur déguisé en Pastre,

Deux Sauteurs, en Faunes.

Douze Bucherons de la Forest de Circé, lesquels font des Postures.

Six Sauteurs travestis en Génies favorables, qui figurent.

Douze Influences heureuses qui font des Postures.

La Scene est dans l'Isle de Circé.

CIRCÉ
EN POSTURES.

PREMIERE PARTIE.

Le Theatre represente la Forest de Circé, où l'on voit les Compagnons d'Vlisse changez en Animaux. On découvre dans l'enfoncement des Jardins à perte de veuë, où Circé se promene.

CIRCÉ.

IE N ne peut resister à mes Enchantemens, j'y soûmets toute la Nature, & le Soleil mon Pere m'en a découvert les secrets les plus cachez : mais helas ! il ne m'a pont appris celuy de me faire aimer. Falloit-il, cruel Amour, donner un cœur si tendre à Circé, pour que Glauque &

Picus en méprifaffent la Conquefte ? Uliffe la croira-t-il auffi indigne de luy ? & tous mes Charmes ne ferviront ils jamais qu'à me faire craindre? J'ay changé fes Compagnons en Beftes; il vient me les redemander luy mefme : je veux qu'il luy en coufte fon cœur, & vais employer toutes les Forces de l'Amour & de la Magie pour l'engager. Vous, Folets, qui me fervez dans mes entreprifes, venez m'aider dans celle-cy, dont le cœur d'Vliffe doit eftre le prix.

Vn Sauteur fous le nom d'Elpenor Folet parlant, & un autre fous le nom de Sinaric Folet muet de Circé, viennent recevoir fes ordres. Sinaric entre en roulant en l'Air.

ELPENOR.

Avec tout le refpect que je vous dois, Madame, eft-il poffible que vous ne connoiffiez point encore les Hommes? Ne fçavez-vous pas que quand on fe jette à leur tefte, ils fe font tenir à quatre? & que le moyen de les reduire, c'eft de les voir venir? Si vous courez apres, vous ne tenez rien, & toutes vos avances font perduës. Je fouhaiterois que les Femmes vouluffent un peu prendre de mes leçons; elles ont gafté les Hommes par leurs manieres, mais en peu de temps elles les remettroient fur le bon pied.

CIRCE'.

Je ne prens conseil que de mon Amour, & veux suivre, sans consulter, le panchant qui m'entraisne. J'aime Vlisse; je veux, quoy qu'il m'en couste, qu'Vlisse m'aime à son tour.

ELPENOR.

Quoy qu'il vous en couste, Madame? Ah! voüs n'y pensez pas, vous estes trop jeune & trop belle pour qu'il vous en couste quelque chose; c'est assez de faire depense en beauté & en jeunesse, sans vous jetter dans de plus grands frais: mais de bonne foy, croyez-vous aller jusques au cœur d'Vlisse par le chemin que vous avez pris? Vous avez changé ses Compagnons en Bestes; c'est là justement le moyen de vous en faire craindre, mais ce n'est pas celuy de vous en faire aimer.

CIRCE'.

Qu'il m'aime de force ou de gré, qu'importe, pourveu qu'il m'aime? Si je puis une fois me rendre Maistresse de son cœur, je sçauray bien le ramener de la Crainte à l'Amour.

ELPENOR.

Commencez plûtoſt, Madame, par où vous voulez finir, & ſouvenez-vous que c'eſt Elpenor qui
vous le dit : mais n'avez vous point pitié de ces pau-
vres Beſtes? & voulez-vous les laiſſer encore long
temps au filet? On dit que c'eſtoient de fort braves
Gens, quand ils n'eſtoient pas ſi beſtes, & je trouve
qu'ils ſentent encore aſſez leur bien tous Beſtes
qu'ils ſont. Si vous vouliez me croire, Madame,
vous leur rendriez leur premiere forme, & les ren-
voyeriez à Vliſſe, ſans luy donner la peine de les venir querir.

CIRCE.

Je les rendray à Vliſſe en perſonne, s'il veut ſe
rendre à mon Amour; cependant je veux bien les
preparer à ce changement par quelque autre, pour
te faire voir que rien ne m'eſt impoſſible.

*A meſme temps elle touche ces Animaux de ſa Baguette; les uns quitent
leur forme d'Ours, & ſont changez en Polichinelles qui figurent;
les autres, qui demeurent ſous la forme de Chameaux, de Singes,
de Cerfs, & de Licornes, font deux poſtures, l'une appellée la
Force des Animaux, & l'autre la Tour.*

ELPENOR.

Penſez-vous, Madame, leur avoir fait grace? &
mettez vous une grande difference entre ces Ani-

maux-cy, & les premiers? Ma foy, Animal pour Animal, j'aimerois autant estre Ours, que Polichinelle.

Pendant que les Animaux & les Polichinelles continuënt leurs fauts & les postures, Elpenor va executer un ordre secret que Circé luy donne à l'oreille.

ELPENOR *rentre.*

Madame, vous attendiez Vlisse, il est venu; mais ce n'est pas comme vous le demandiez, il n'entend point raillerie, & menace de mettre tout à feu & à fang, si on ne luy rend sesCompagnons. Rendez-les Madame, rendez-les, & ne differez pas davantage. Il pourroit, je l'avouë, les demander plus civilement, mais n'y prenez pas garde de si pres, & fortez au plûtost de cette méchante affaire.

CIRCE'.

Circé ne craint point Vlisse quand il menace; elle n'a rien à craindre que Circé quand elle aime.

D'un coup de Baguette elle fait remettre ces Animaux en leur place, & continuë.

Attendez Vlisse en l'état où je vous ay mis, vostre fort dépend de sa conduite.

Elle appelle ses Démons.

Et vous, Démons, venez défendre ces Lieux pendant que je vais assembler tous mes Charmes pour le soûmettre à mon pouvoir.

Deux Démons sortent de terre, & trois autres d'une gueule d'Enfer qui paroist au fond du Theatre, au milieu des tourbillons de flames, avec des Serpens & des Flambeaux à la main; les uns figurent, & les autres font des sauts perilleux.

Vn Sauteur paroist sous le nom d'Vlisse, & regarde ses Compagnons changez en Bestes.

VLISSE.

Chers Compagnons, que je plains vostre sort, & que je suis touché de l'état où l'impitoyable Circé vous a mis! Je viens vous délivrer, ou périr moy-mesme, & me vanger en vous vangeant de son inhumanité.

Les Démons qui s'estoient cachez pour observer Vlisse, reviennent pour l'epouvanter.

VLISSE.

Quoy, les Démons se déchaînent aussi contre nous? & Circé joint leurs efforts à ceux de ses Charmes?

Il met l'Epée à la main & continuë.

Combatons les Démons & Circé; les Dieux nous seront favorables, ils protegent la Vertu, & punissent le Crime.

Il combat les Démons; Mercure descend des Cieux, luy apporte le Moly pour le garantir des Enchantemens de Circé, & chasse les Démons qui disparoissent.

VLISSE *continuë.*

Souverain Maistre des Dieux, que je vous dois

d'Encens & de Victimes pour le secours que vous m'envoyez ! Achevez vostre ouvrage, delivrez Vlisse & ses Compagnons des mains de cette Enchanteresse. Mais cachons ce present des Dieux pour mieux tromper Circé, & puis qu'elle veut estre aimée, feignons de l'aimer, afin de la faire servir elle-mesme à nostre vangeance.

CIRCE' *suivie de ses Folets.*

Vlisse, apportez-vous en ces lieux la Paix ou la Guerre? y venez-vous comme Ennemy de Circé?

VLISSE.

Ah, Madame, que vous connoissez mal Vlisse, & que vous vous connoissez peu vous-mesme ! Peut-on vous voir, & se déclarer vostre Ennemy ? Peut-on, quelque dessein qu'on ait formé, se defendre contre tant de Charmes ? Non, Madame, je n'en ay plus la force ; mon cœur desavoüeroit ma main, si elle l'osoit entreprendre ; & ma bouche seroit dans ce moment l'interprete de mon cœur, s'il luy estoit permis de vous dire pour luy, tout ce qu'il sent pour vous.

Il se jette à ses genoux.

Mais, Madame, épargnez moy la douleur de voir mes Compagnons en cet état ; rendez-les à euxmémes, rendez les à Vliſſe qui vous les demande à vos genoux. Si vous comptez ſon cœur pour quel-que choſe, il vous l'offre pour le prix de leur liberté: Oüy, Madame, ce cœur qui ne veut plus reſpirer que pour vous, je vous le donne tout entier en oſtage, recevez à cette condition le ſacrifice que je vous en fais.

CIRCE' *à part.*

Vliſſe m'aime, mon charme a reüſſy. Dieux, je ſuis trop heureuſe ! Mais cachons noſtre Amour pour quelque temps, afin de nous mieux aſſurer du ſien.
Elle s'approche d'Vliſſe.

Je veux bien vous rendre vos Compagnons Vliſſe, mais c'eſt ſur voſtre parole que je vous les rends. Songez à la tenir, on n'en manque point im-punément à Circé.

Elle touche de ſa Baguette tous les Compagnons d'Vliſſe ; ils repre-nent leur premiere forme, & en témoignent leur joye par des pas & des poſtures differentes, qu'on nomme le Char de Triom-phe, & le Trophée ; apres quoy ils emmenent Vliſſe en triom-phe.

DEUXIEME PARTIE.

ELPENOR, SINARIC.

SINARIC.

Circé a sçeu prendre Vlisse par le bon endroit: tantost il vouloit tout tuer, à present il est plus doux qu'un Mouton, & la Princesse le mene à baguette. Ma foy, quand une Femme l'a résolu, & que le Diable s'en mesle, il n'y a pas moyen de s'en défendre.

Il parle à Sinaric.

Mais demeurerons-nous icy tous deux les bras croiez, pendant qu'Vlisse & Circé se donnent des témoignages de leur amour? & ne nous sera-t-il pas permis à nous autres Folets d'aimer à nostre tour quelque Folette?

Sinaric luy fait deux signes de teste, & entre chaque signe un tour en l'air.

ELPENOR.

J'ay pris l'autre jour un vieux Livre dans le Cabinet de Circé; voyons un peu si nous n'y trouverions point quelque Secret pour avoir une bonne fortune.

Il cherche dans le Livre.

Secret pour faire descendre la Lune sur terre.

Celuy-là est bon pour Circé; elle va comme il
plaist à la Lune, & la Lune va comme il luy plaist.

Il cherche encore dans le Livre.

Secret infaillible pour rajeunir.
Celuy-cy accommoderoit bien du monde, &
nous en ferons bon marché si on veut.

Il continuë de chercher dans le Livre.

Secret pour trouver la Pierre Philosophale.
Celuy-là ne seroit pas mauvais; mais avec la permission de Circé, j'en doute.

Pendant qu'Elpenor lit dans le Livre, Sinaric fait plusieurs sauts
périlleux extraordinaires en diférens endroits sur le Theatre.

ELPENOR.

Comme diable vous y allez, Monsieur Sinaric?
Vous sautez toûjours à bon compte. Est-ce pour
vous mettre en haleine ce que vous en faites?

Elpenor continuë de chanter dans son Livre, & Sinaric de sauter.
Ma foy, je l'ay trouvé, voicy nostre affaire.

Secret pour attirer une Grisette, & s'en faire
aimer sur le champ.

Ils marquent leur joye par des sauts mesurez, & une jeune
Bergere passe à mesme temps dans la Forest.

ELPENOR.

Voila la Grisette à point-nommé. Ah l'admi-
rable Livre! C'est à nous de mettre à present le

Secret en œuvre. Voulez-vous que je vous die, la Grisette est de mon goust, & c'est pour moy la Pierre Philosophale.

ELPENOR *parlant à la Bergere.*

Jolie Bergere, gentille Bergere, soyez la bien venuë; Vous voyez deux gentils jolis Folets de bon appétit, qui vont tâcher de vous divertir tout de leur mieux.

LA JEUNE BERGERE.

Je vous baise les mains, passez vostre chemin, je ne suis pas viande pour vos Oyseaux.

Comme elle veut s'enfuir, Elpenor & Sinaric l'arrestent,
en faisant des sauts périlleux.

LA JEUNE BERGERE.

Fy donc, arrestez-vous donc, je le diray à Circé.

Circé & Vlisse paroissent, & la jeune Bergere
s'échape des mains des Folets.

ELPENOR *à part.*

Ah, Monsieur & Madame, vous estes de vrais Troubles-Festes. Faut il qu'il n'y en ait que pour vous? Un quart-d'heure seulement plus tard, & tout alloit bien.

CIRCE'.

Parlez de bonne-foy, Vlisse. Vous dites que

vous aimez Circé ? Vos regards incertains, & vos manieres enjoüées, vous démentent. On ne fait point tout ce que vous faites, & l'on n'aime point si tranquillement, quand on aime comme on doit aimer.

VLISSE.

Le plaisir de vous aimer, celuy d'estre aimé de vous, m'inspirent des sentimens que vous condamnez injustement. Je songe à vous divertir & à vous plaire ; les resveries ne plaisent pas, & les chagrins ne divertissent guére.

CIRCE'.

Mais ils m'assureroient mieux de vostre cœur. Ecoutez, Vlisse, apprenez à connoistre Circé. Elle veut estre aimée autant qu'elle aime, & ne prend pas aisément le change. Vous allez voir ce qu'elle est capable de faire : Tremblez, si vostre cœur ne répond pas au sien. Hola, Folets, qui excitez les tempestes, obeïssez à la voix de Circé, allez dans les airs former un orage.

Les Folets s'élevent dans les nuës, pour executer les ordres de Circé.

CIRCE'.

Que les Eclairs paroissent, que le Tonnerre gronde.

On voit des Eclairs, & on entend gronder le Tonnerre.

CIRCE' *continuë.*

Monſtres affreux, ſortez de vos Antres profonds.

L'on voit des Monſtres ramper ſur terre, & voler en l'air.

CIRCE'.

Que les Vents ſoûterrains ſe joignent à ceux de l'air.

Il ſort des Vents de terre & de tous les coſtez, qui figurent en diférentes manieres; & les Folets deſcendent des Nuës apres avoir executé les ordres de Circé.

CIRCE'.

Que l'Enfer paroiſſe. Sortez, Démons, & preſtez-moy voſtre ſecours.

Le fond du Theatre s'ouvre, & laiſſe voir un Enfer d'où ſortent des Démons conduits par Sinaric, leſquels épouvantent Vliſſe par deux poſtures, l'une nommée Furie d'Enfer, & l'autre le Gouffre.

VLISSE.

Ah, Madame, eſt-ce là le moyen de ſe faire aimer? Quel plaiſir prenez-vous à deſeſperer Vliſſe par vos ſoupçons, & à l'épouvanter par vos Enchantemens?

CIRCE'.

Vous venez de voir, Vliſſe, ce que peut Circé pour ſe faire craindre; vous allez voir ce qu'elle peut pour ſe faire aimer.

Que l'Air reprenne ſa premiere ſerénité. Rentrez, Monſtres, dans vos Cavernes ſombres; que

D

l'Enfer difparoiffe. Retirez-vous, Démons; que les Habitans de ces Climats heureux avançent pour divertir Vliffe. Et toy, Amour, viens percer fon cœur du plus feûr de tes traits.

Les Monftres fe retirent. Les Démons rentrent dans l'Enfer qui dif-paroift, & fait place aux Iardins de Circé, d'où fortent des Ber-gers conduits par Elpenor, qui danfe une Sarabande.

L'Amour defcend à mefme temps, & décoche une Fleche fur Vliffe.

Les Bergers figurent avec leurs Houlettes. Vn Paftre & deux Faunes fe joignent à eux avec leurs Maffuës.

Sinaric conduit des Bucherons de la Foreft de Circé, lefquels font des poftures; l'une appellée le Grouppe, & l'autre l'Aygrette.

CIRCE'.

Vous voyez, Vliffe, dequoy Circé eft capable. Choififfez apres cela fi vous voulez feindre, ou fi vous voulez aimer de bonne-foy.

Elle fe retire.

VLISSE.

Non, non, c'eft trop pouffer ma patience; je n'ay plus lieu de feindre, & ne dois point aimer. Mes Compagnons me font rendus, Jupiter s'eft déclaré en ma faveur; l'Amour & Circé ne font plus à craindre, je l'abandonne à fes Enchante-mens. Quittons ces Lieux funeftes où elle s'efforce en vain de nous retenir, & courons où la Gloire & les Dieux nous appellent.

Les Bergers, les Faunes, & les Bucherons, fe meflent enfemble, & finiffent la Seconde Partie.

TROISIEME PARTIE.

ELPENOR *seul*.

AH perfidie sans exemple ! ah trahison inoüye ! Vlisse méprise Circé apres tout ce qu'elle a fait pour luy, & abandonne cette Princesse desolée à son desespoir. Il fuit, l'Ingrat, & brave des Charmes inutils qui ne peuvent le retenir. Est-ce le prix de tant d'amour ? est-ce la récompense de tant de soins ? Ma foy, tout bien consideré, si Circé m'en vouloit croire, elle prendroit son party là-dessus, & ne se vangeroit de l'ingratitude d'Vlisse, que par le mépris.

> *Ieunes Beautez, ne vous engagez pas*
> *Sur des apparences flateuses,*
> *Et ne faites jamais de pas*
> *Pour aller au devant des tendresses trompeuses.*
> *Quand un volage Amant méprise vos appas,*
> *De sa legereté l'inconstance vous vange :*
> *Ne perdez point de temps en regrets superflus,*
> *Reprenez vostre cœur, si-tost qu'il n'en veut plus,*
> *Ou changez à coup seúr, auparavant qu'il change.*

CIRCE'.

Enfin le Soleil mon Pere m'a ouvert les yeux; il

m'a fait connoiſtre mon erreur que je déteſte, & la trahiſon d'Vliſſe que j'oublie. Je viens icy luy en rendre graces, & luy offrir des Jeux que j'ay inſtituez en ſon honneur. Vous, Elpenor ; vous, Sinaric, faites avancer en diligence ceux que j'ay choiſis pour les celébrer.

Elle s'adreſſe au Soleil.

Et vous, Pere de la Lumiere, qui m'avez donné le jour & voſtre protection, daignez-les recevoir favorablement, & les honorer de voſtre préſence; ils feront celebrez tous les ans en voſtre nom & à voſtre gloire.

Le fond du Theatre s'ouvre, & laiſſe voir le Temple & la Statuë du Soleil.

Elpenor conduit des Génies favorables, & Sinaric des Influences heureuſes, qui apportent des Branches de Laurier, qu'ils conſacrent au Soleil, en les poſant ſur un Autel qui avance du fonds.

Les Génies figurent diféremment avec les Branches de Laurier qu'ils prennent ſur l'Autel, dont ils forment des Allées, des Arcades, & des Berceaux, au milieu deſquels il s'éleve une Fontaine.

Les Influences font huit poſtures plus ſurprenantes les unes que les autres, entremeſlées de ſauts périlleux extraordinaires, que les Génies accompagnent alternativement de diférentes Figures, tantoſt avec des Tambours de Baſques, tantoſt avec des Caſtagnettes, tantoſt avec des Faces de Soleil, & finiſſent ainſi les Jeux du Soleil avec la troiſiéme Partie du Divertiſſement Comique.

FIN.